JN226302

花と石と暮らす、美しく豊かで居心地がいい時間と空間の作り方

elementarium life

elementarium design&works

仙石琢真

誠文堂新光社

「植物」と「天然石」の魅力を
最大限に引き出す、魔法の方程式。

私たちは植物や鉱石と悠久の時を共に生きてきました。
切っても切れないパートナーと言えます。それはこれから先もずっと変わらないでしょう。

時には癒してくれたり、時には守ってくれたり。
私たちは彼らからたくさんの恩恵を受けてきています。

昨今では芸術として、ファッションとして取り入れることも増えてきました。
日本でも花を贈る男性が少しずつ増えてきましたね。

ただの物体ではなく、そこに意味を見出して所有したり、贈るようになりました。

植物や天然石の魅力はみなさんもご存知でしょう。
では、その両者が密接に絡み合い、互いに相乗しあう魅力は？

形、色、花言葉、石の性質、意味合い。
それぞれが織りなす自然のハーモニー。

私たちは時折、自然の圧倒的な美しさに心を奪われます。
無条件に心に届くその感動は、言葉にできないものがあります。

この本では植物と天然石の魅力を最大限に引き出すデザインや考え方を紹介しています。

それは今までにない革新的な切り口のものもあれば、
世界や日本で古くから愛されてきた先人の知恵もあります。

まさに「温故知新のデザインレシピ」と言えるでしょう。

きっとこの本を読んだ後は、
今までの何倍も植物と天然石を楽しむことができるでしょう。

そして、その楽しみをきっと大切な人と共有したくなるでしょう。
幸せのおすそ分けを。

この本は単なるデザインの本ではありません。

私たちがエレメンタリウムを通じて、みなさんに伝えたいことがあります。
それは「人生を美しく、豊かに」する方法です。

ここで伝えている考え方を生活に取り入れたり、実践することで、
毎日が少しハッピーになったり、人に優しくできたり、心がときめいたり。

この本は永久保存版のバイブルのようなものです。
私たちが今まで以上に植物や鉱石、自然と共存し、
幸せに生きるためのアイディアがいっぱい詰まっています。

1ページ、1ページ読み進めるごとに、
みなさんの日常に笑顔と感動が溢れますように。

さあ、美しく豊かなライフスタイルの始まりです。

Enjoy your elementarium life.

elementarium design&works
仙石琢真

Contents

Chapter

1

エレメンタリウムに

ついて

美しいだけでなく

実は深い意味を持つ「エレメンタリウム」。

まずはざっくりとどういうものかをご紹介。

すてきなエレメンタリウムの世界へ、

ようこそ！

※「elementarium -エレメンタリウム-」は、elementarium design&works
　の【商標登録】であり、天然石を用いたデザインには【実用新案】とい
　う特許の一種を取得しています。

エレメンタリウムってどんなもの？

「美しいものを、永遠に。」という想いで生まれた「エレメンタリウム」。
「エレメンタリウム」は「精霊標本」という意味の造語です。

制作過程はハーバリウムと似ていますが、似て非なるものです。
大きな違いは「天然石」を用いてデザインすること。
この天然石を用いて製造する方法に「実用新案」という特許を取得し、独自の技術製法で創っています。

草木や花、厳選された天然石をガラスボトルに閉じ込め、美術的創作物に昇華したものが「エレメンタリウム」です。

Gemstone

鉱石は地球上で約4000種類以上存在するといわれています。エレメンタリウムではその中でも美しさやデザイン性で厳選した約200種類を用います。「ローズクォーツ」という「愛」を意味するピンクの天然石や、「浄化」を意味するパープルの天然石「アメジスト」が綺麗なので人気です。

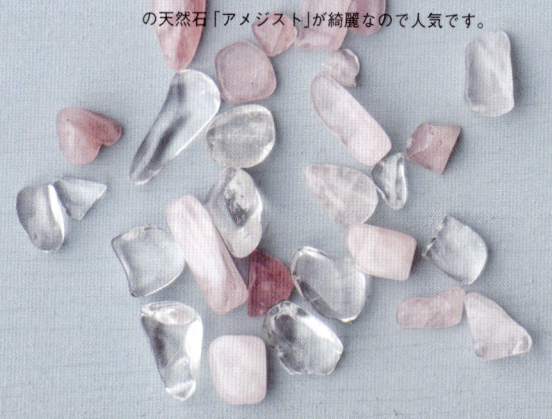

自然界にある万物の根源となすものを「エレメンタル」といいます。エレメンタルは「精霊」という意味もあり、古くから世界中で様々な形で人々を守り愛し、そして愛されてきました。可憐な花、大きな木、鉱石、悠然とした大地、雨露、母なる海、灯火、陽の光、輝く宝石、聳え立つ山々。エレメンタリウムでは、その中でも私たちの身近に存在する草木や花、鉱石をボトルに閉じ込めてデザインします。

Plant

ボトルに閉じ込めるのは生花をドライフラワーにしたものに限ります。自然が生み出した美しさをそのまま遺したドライフラワー。花が綺麗なもの、実が可愛いもの、形が個性的なものなど。草花が持つ「花言葉」や「想い」もデザインに取り入れます。

One stone, One story.
− 天然石の物語、その意味と力 −

天然石にはひとつひとつに異なる物語があります。それに結びつく意味合いや力もまた多様で、その奥深さには好奇心がくすぐられます。ここでは多くの天然石の中から、歴史や神話との関わりが深い5種類を紹介します。この5つの天然石はエレメンタリウムの基本となるデザインレシピに用いているものです。 見た目の美しさで心惹かれるものを選ぶのもひとつですが、物語や意味合いを知り、心がときめいたものを選ぶのも素敵です。

rose quartz
ローズクォーツ

• • •

愛と美の女神「アフロディーテ」に捧げられた薔薇に由来し「ローズクォーツ」と名付けられたといわれています。無償の愛や平和を象徴するローズクォーツは、古代ローマ時代から様々な彫刻や装飾品に用いられています。透明度が高いものほど価値があるとされ、「真実の愛の石」として王室や宮廷の女性が好んで身につけていました。

【主な原産国】ブラジル、マダガスカル

石の意味や力
愛、調和、優しさ、繊細、情緒、慈愛、恋愛成就、女性の美しさと健康、新しい恋、自分を愛する、真実の愛を見つける

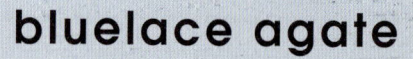

bluelace agate

ブルーレースアゲート

• • •

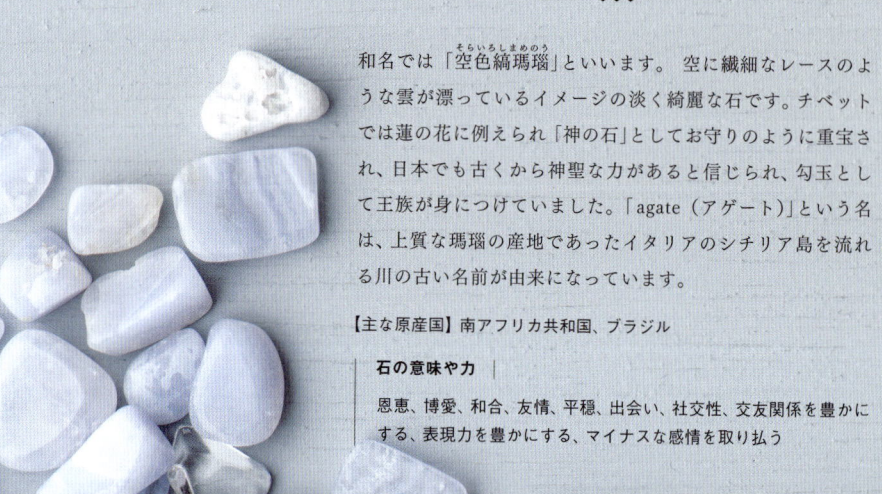

和名では「空色縞瑪瑙」といいます。空に繊細なレースのような雲が漂っているイメージの淡く綺麗な石です。チベットでは蓮の花に例えられ「神の石」としてお守りのように重宝され、日本でも古くから神聖な力があると信じられ、勾玉として王族が身につけていました。「agate（アゲート）」という名は、上質な瑪瑙の産地であったイタリアのシチリア島を流れる川の古い名前が由来になっています。

【主な原産国】南アフリカ共和国、ブラジル

石の意味や力

恩恵、博愛、和合、友情、平穏、出会い、社交性、交友関係を豊かにする、表現力を豊かにする、マイナスな感情を取り払う

citarine

シトリン

●●●

「シトリン」の名前の由来は柑橘系樹木の「シトロン」の果実の色からきています。古くから商売の繁盛と富をもたらす「幸福の石」といわれており、他にも太陽に例えられることも多く、明るく前向きな希望の石としてたくさんの人に愛されてきました。天然のシトリンは希少で、アメジストに加熱処理して変色させたものが多く出回っています。

【主な原産国】ボリビア、インド、チリ、ジンバブエ

石の意味や力

富、幸運、繁栄、栄光、希望、自信、金運、仕事運、商売繁盛、潜在能力を引き出す、自信を取り戻す、失望から這い上がる

carnelian

カーネリアン

・・・

歴史上の偉人を数多く魅了してきたカーネリアン。カーネリアンと人類の付き合いはとても古く、インダス文明やメソポタミア文明に遡ります。王や指導者が重宝し、文明の繁栄をもたらした歴史的背景が数多くあります。ナポレオンやマホメットが自らの印章をカーネリアンで作らせていたのは有名な話です。語源はラテン語の「心臓」に由来しており、肉体的な魅力を高めるといわれています。

【主な原産国】インド、ボツワナ、アルゼンチン

石の意味や力

勇気、行動、積極性、可能性、連携、喜び、発展、自由、冷静、あらゆるものを前向きに変える、集中力を高める、明晰な思考をもたらす

amethyst

アメジスト

• • •

高貴な紫の色も名前の由来も美しいアメジスト。ギリシャ神話の酒の神、バッカスに石に変えられてしまった儚き乙女「アメジスト」が名前の由来になっています。紫という色は世界中で高貴なもの、神聖なものとして扱われてきました。透明で気品あふれる紫色の石は他になく、自然界でも特別な鉱物のひとつです。

【主な原産国】ウルグアイ、ブラジル、ザンビア、インド、マダガスカル、アメリカ

石の意味や力

浄化、高貴、癒やし、慈悲、恋愛成就、リセット、バランス、リラックス、精神的な愛を満たす、心身のバランスを整える、不安を解消する

キモチをカタチに。

– 想いを形にして届けるデザイン –

人は誰もが「5つの願い」を持って生まれてきます。

「幸せになりたい」
「成功したい」
「豊かになりたい」
「自由でいたい」
「健康でいたい」

そうした「5つの願い」をテーマに創ったデザインが
【origin】というモデルです。

「キモチをカタチにしたもの」が、
エレメンタリウムのデザインの本質です。

「あなた自身が満たしたい願望はどれですか？」
「あなたの大切な人に伝えたい想いはどれですか？」

見た目のデザインで「可愛い」「好き」と
直感的に決めるのも良いと思います。

ふと立ち止まり、自分の心と向き合って、
私は「なにが欲しいのだろう」「何を伝えたいのだろう」と、
心の声からデザインを選ぶのも素敵じゃないですか。

こうした「ひとりひとりのストーリー」や「心に抱く想い」といった
【目に見えない大切なもの】を、
目に見える形に表現できるのも、
エレメンタリウムだからこそのデザインです。

origin
オリジン

Petit プティ

ささやかな贈り物にちょうどいいプティボトル。小ぶりで可愛く、会社のデスクや自宅の窓辺など場所を選ばず、好きなところに置けるので人気です。originと同じテーマで全5種類あります。（写真はAmourのプティボトル）

Amour アムール

「愛」をテーマにデザインしたエレメンタリウム。ローズクォーツをベースに「愛」を生み出してきたエレメンタルをボトルに閉じ込めました。大人らしいピンクやホワイトを取り入れた華やかで愛らしいデザインです。

Gloire グロワール

「栄光」をテーマにデザインしたエレメンタリウム。シトリンをベースに「栄光」を生み出してきたエレメンタルをボトルに閉じ込めました。輝かしい栄光のトロフィーを感じさせる高貴な色合いとデザインが特徴です。

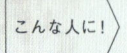
こんな人に！

・新しい恋をしたい
・自分のことをもっと好きになりたい
・好きな人と良い関係を築きたい
・失恋してしまった人

・金運上げたい
・仕事で成功したい
・ポジティブになりたい
・失った自信や希望を取り戻したい

人が生まれ持った5つの願望をテーマにデザインしたエレメンタリウム。求める願いを叶えるサポートをするように、世界最高ランク5Aの天然石をベースに、それぞれの願いにまつわる花言葉を持つ草花を厳選し創ったモデルです。「自分が求める願い」「贈る相手に伝えたい想い」で選ぶ。あなたはどの【origin】がお気に入りですか？

Faveur ファブール

「恩恵」をテーマにデザインしたエレメンタリウム。ブルーレースアゲートをベースに「恩恵」を生み出してきたエレメンタルをボトルに。まっすぐ上に伸びるポジティブなデザインと「豊かさ」を感じる淡い色合いが特徴です。

Liberté リベルテ

「自由」をテーマにデザインしたエレメンタリウム。カーネリアンをベースに「自由」を生み出してきたエレメンタルをボトルに。自由に空へ駆け上がろうとしているパワフルで元気な色合いとデザインです。

Sante サンテ

「健康」をテーマにデザインしたエレメンタリウム。アメジストをベースに「健康」を生み出してきたエレメンタルをボトルに。眺めているだけで元気がもらえそうな大きな花、癒やしを感じる色合いとデザインが特徴です。

- ・チャンスを掴みたい
- ・出逢いを増やしたい
- ・人間関係を豊かにしたい
- ・ネガティブな感情を取り払いたい

- ・自由になりたい
- ・積極的に行動したい
- ・自分の殻を破りたい
- ・起業や新しいことを始める人

- ・癒やされたい
- ・人から愛されたい
- ・人間関係を改善したい
- ・焦りやイライラを解消したい

東洋の環境学を
デザインレシピに。

– 陰陽五行と風水を取り入れた考え –

風水はもともと「欠けているもの」を補うことによって、流れを良くするという古くから中国で用いられている環境学であり、統計学です。

風水は基本的に「陰陽五行思想」に基づいて考えられています。

それはこの世に存在するものすべてが「木・火・土・金・水」の五行のどれかに分類され、それぞれが「陰」または「陽」というカテゴリーに属し、光と影のように対になっており片方だけでは存在しないという考え方です。

世界に存在するエレメンタルも、どれかに当てはまるわけですね。

日本では主に「家の間取り」や「土地」に対して風水を用いて、運気の良い場所、悪い場所といった風に鑑定することが多いです。

エレメンタリウムでもこの「陰陽五行」や「風水」をデザインに用いています。
そうして生まれたのが次のページで紹介している「elementals」というモデルです。

たとえば「火」の性質には、発展や拡大というものがあります。
「火」にまつわるものを会社や自宅のデスクに置くことで、「仕事が大きく発展し、どんどん拡大していく」という風に考えます。

あなたが求めるものはどの属性で満たすことができるのか?
そういった視点でエレメンタリムを選ぶのもひとつです。

エレメンタルたちの関係

– 五行説をわかりやすく解説 –

水を吸って
「木」は育つ。

木によって
「火」は勢いを増す。

金は腐食して
「水」に帰る。

火が燃えた後の灰は
「土」の養分となる。

土の中で養分が固まり
「金」を生み出す。

──→ …相生関係。相手を生み出す「創造」の関係。

elementals

エレメンタルズ

TREE ツリー

「TREE（木）」の性質を生かしたエレメンタリウム。ペリドットをベースに、自然界に存在する「TREE」の要素を持つエレメンタルをボトルに閉じ込めました。TREE は季節でいうと「春」、1日でいうと「朝」を意味し、新しく芽が出て上昇していくように「成長」や「行動」の性質を持っています。

FIRE ファイア

「FIRE（火）」の性質を生かしたエレメンタリウム。ガーネットをベースに、自然界に存在する「FIRE」の要素を持つエレメンタルをボトルに閉じ込めました。FIRE は季節でいうと「夏」、1日でいうと「正午」を意味し、太陽が活発に煌々と輝くように「発展」や「拡大」の性質を持っています。

こんな人に！

・新たなスタートを切りたい
・チャレンジする勇気が欲しい
・人気者になりたい
・パートナーとの絆を深めたい

・仕事で成功したい
・結婚したい
・影響力のある人になりたい
・毎日をエネルギッシュに過ごしたい

「運気を上げる」を目的として【陰陽五行】や【風水】の考えをベースにデザインしたエレメンタリウム。 陰陽五行や風水の基礎となる5つの性質と同じ要素を持つ、世界最高ランク5Aの天然石と草花を厳選しデザインした珠玉の一品です。洗練されたデザインだけではなく、目的や場所に合わせて楽しむこともできます。アーティスティックに運気を上げて、毎日を豊かにしましょう。エレメンタルズで使用している天然石は、P.64-65で紹介しています。

EARTH アース

「EARTH（地）」の性質を生かしたエレメンタリウム。モルガナイトをベースに、「EARTH」の要素を持つエレメンタルをボトルに。EARTH は季節でいうと「晩夏」、1日でいうと「午後」を意味し、雄大な大地が永きにわたって在り続けるように「安定」や「維持」の性質を持っています。

METAL メタル

「METAL（金）」の性質を生かしたエレメンタリウム。 ルチルをベースに、「METAL」の要素を持つエレメンタルをボトルに。METAL は季節でいうと「秋」、1日でいうと「夕方」を意味し、春に撒いた種が育ち、やがて収穫の秋に実を結ぶように「収穫」や「変化」の性質を持っています。

WATER ウォーター

「WATER（水）」の性質を生かしたエレメンタリウム。アクアマリンをベースに、「WATER」の要素を持つエレメンタルをボトルに。WATER は季節でいうと「冬」、1日でいうと「夜」を意味し、水が夜露や氷へと柔軟かつ多様に形を変えるように「芸術」や「創造」の性質を持っています。

・大切な人を守りたい
・信念を持って行動したい
・地に足つけて過ごしたい
・女性の方

・金運を上げたい
・人脈を広げたい
・仕事や勝負で勝ちたい
・直観力や芸術性を高めたい

・柔軟な思考を持ちたい
・クリエイティブになりたい
・コミュニケーション能力を高めたい
・ストレスやイライラを感じている人

seasons

シーズンズ

穀雨 Kokuu

【4月20日から5月4日頃】

「春雨が百穀を潤す」が名前の謂れとなっています。地上にある穀物に恵の雨がしっとり降り注いでいる様を意味します。百穀を草木、滴る雨露を青い苔で表現しています。まだほのかに残る春の花として、淡い桃色を添えたところがポイントです。

処暑 Syosyo

【8月23日から9月6日頃】

暑さが和らぐ様子が名前の謂れであり、朝夕に涼風が吹き、心地よい虫の声が聞こえてくる様を意味します。青く澄み渡る空と、眼前一面に広がる草原を表現しています。夏の終わりにふと感じる懐かしさや寂しさを紫の花で表しています。

【二十四節気 "24Seasons"】

立春 "Rissyun" ／雨水 "Usui" ／啓蟄 "Keichitsu" ／春分 "Syunbun" ／清明 "Seimei" ／穀雨 "Kokuu" ／
立夏 "Rikka" ／小満 "Shoman" ／芒種 "Bousyu" ／夏至 "Geshi" ／小暑 "Syousyo" ／大暑 "Taisyo" ／

「seasons」は日本の四季をデザインした、全24種類の和のエレメンタリウムです。紀元前400年前から使われてきた「二十四節気」を基にデザインレシピを起こしました。 日本では「二十四節気」は季節を分ける目安として使われることが多く、その季節ごとの恵みに感謝する習慣や行事がたくさんあります。日本だけでなく、世界中の方に手にとってもらい、日本の四季にまつわる物語や想いを知っていただければ幸いです。

白露 Hakuro

【9月7日から9月21日頃】

秋の気配が深まりだし、夜に大気が冷え、草花に朝露が白く宿る様を意味しており、それが名前の謂れとなっています。草花に降りた露が朝日に照らされ、白い粒のように光っている様子を白い花を使って表現しています。

立冬 Rittou

【11月7日から11月21日頃】

冬が始まる頃で「冬が立つ」が名前の謂れ。木枯らしが吹き、木々の葉が落ちて、初雪が訪れる様を意味します。南天など冬に実る赤い実に雪が仄かに積もる様子を表現しています。足元にある残雪を白い苔で表しているところがポイントです。

立秋 "Rissyuu" ／処暑 "Syosyo" ／白露 "Hakuro" ／秋分 "Syuubun" ／寒露 "Kanro" ／霜降 "Soukou" ／
立冬 "Rittou" ／小雪 "Syousetsu" ／大雪 "Taisetsu" ／冬至 "Touji" ／小寒 "Syoukan" ／大寒 "Daikan"

idea

イディア

「idea」は、エレメンタリウムアーティストがフルオーダーメイドで創る特別なエレメンタリウムです。elementarium design&works が陰陽五行を基に独自に編み出した、生年月日から算出するカラーメソッド「イディアカラー」で鑑定して創る世界にひとつだけ、あなただけの作品。誕生日、結婚式、創立記念日など特別なときに、大切な人への贈り物として人気です。この「idea」はエレメンタリウムアーティストスクールのマスターコースで創り方を学ぶことができます。

オーダーデザイン例

〈左〉

贈る相手	地元の同級生（30代女性）
シチュエーション	結婚のお祝いに
伝えたい想い	「末長く幸せになってね。」
イディアカラー	Water Color

【デザインのポイント】

「真実の愛」の意味を持つアメジストをベースに、大人の女性らしいエレガントさと可愛らしさを合わせ持ったイメージでデザイン。「不変の誓い」が花言葉のアンモビュームや永遠の幸せを願う「サムシングブルー」として 青い紫陽花をワンポイントに入れました。

〈右〉

贈る相手	会社の同僚（20代男性）
シチュエーション	誕生日のプレゼントに
伝えたい想い	「彼の成長と仕事の成功を願って。」
イディアカラー	Earth Color

【デザインのポイント】

夢ややりたいことを後押ししてくれるカーネリアンをベースに、男性が飾ってスタイリッシュに見えるカラーでまとめました。「富」「希望」が花言葉の小麦をメインに、力強く成長し上に伸びていくイメージでデザイン。

Chapter

エレメンタリウムの
ある暮らし

恋愛運を上げる、癒しをもたらす、
健康を導く、金運をアップする —— など
エレメンタリウムにはそれぞれに
前向きな意味があります。
それらを "美しいインテリア" として
暮らしの中に取り入れることで
部屋の景色も、心も潤う。
いつもの日々を、少しステキにする魔法。

「ときめく、目覚めのベッドサイド」

1日の始まりはベッドから。

気持ちいい朝は、気持ちいい1日を創る。

昨日の不安やイライラもリセット。

今日は何が起きるのかな。

どんな出会いがあるのかな。

新しい朝にときめきながら、

「おはよう。」

origin petit 「Faveur」
オリジンプティ ファブール ＞ *P.19*

可愛いプティボトルが、ベッド
サイドに華やかさをプラス。豊
かな日常をもたらすブルーレー
スアゲートを使った「Faveur」が
おすすめ。ネガティブな感情を
取り払い、大切な人との関係を
豊かにしてくれるエレメンタリ
ウムが、充実した1日の始まりを
与えてくれる。

「きれいは、きれいな場所から」

きれいなものに触れていると心が華やぐ。

気持ちが乗っているから、

メイクもなんだかノリがいい。

大好きな音楽を口ずさみながら、

お気に入りのアクセを着ける。

きれいな場所も、

自分をきれいにするエッセンス。

elementarium「idea」
エレメンタリウム イディア > P.26

「好き」をめいっぱい閉じ込めた
世界にひとつだけのオリジナル
エレメンタリウムで、「いつもの
場所」を「大好きな場所」にアップ
デート。イディアカラーで「自分
らしさ」も「運気」も上げてくれる
オーダメイドエレメンタリウム
「idea」がおすすめ。

「キッチンに 季節のきらめきを」

つい手抜きしちゃう忙しい毎日の朝食。
でも、こんなにきれいなキッチンなら
早起きして作っちゃう。
きれいなものって、
料理を美味しくする最高のスパイスだね。
朝日に照らされて、
きらめくエレメンタリウムが
季節を運んでくる。
自然を飾る。季節を飾る。

seasons 「処暑 "Syosyo"」
シーズンス しょしょ（写真右） > *P.24*

seasons 「穀雨 "Kokuu"」
シーズンス こくう（写真左上） > *P.24*

季節の彩りを閉じ込めたエレメ
ンタリウムが、キッチンに四季
を創り出す。季節ごとの旬の食
材を楽しむように、季節ごとの
美しさを楽しめるエレメンタリ
ウム「seasons」がおすすめ。

「こころもからだも、召し上がれ」

朝のひとときを楽しむ。

ゆっくり、ゆっくり。

何事もスタートが肝心って言うもんね。

今日を頑張るからだに栄養をたっぷりあげよう。

こころにも安らぎをプレゼントしよう。

いただきます、召し上がれ。

elementals 「TREE」
エレメンタルズ ツリー > P.22

ビタミンカラーのエレメンタリウムが、こころに元気と安らぎをくれる。朝のシーンにもぴったりなカラーリングで、新たなスタートを応援してくれる「TREE」がおすすめ。パートナーとの絆も深めてくれるので、ふたりの朝食にもぴったり。

「愛があふれる玄関から、行ってきます」

今日はどんな出逢いが待ってるのかな？
愛と出逢いを運んでくれるエレメンタリウムと
可愛いひつじさんに見送られて、
愛情を胸いっぱいに、行ってきます。
何気ない今日が、特別な1日になりますように。

origin「Amour」
オリジン アムール ⟩ *P.18*

大人ピンクなエレメンタリウム
が玄関をときめく空間にメイク
アップ。自分をもっと好きにな
れる、いい出逢いを呼んでくれ
る「Amour」が幸せな毎日の始ま
りとなる玄関におすすめ。

「さりげなく飾る、
　ていねいに暮らす」

ていねいに暮らす。

でも気負わない、着飾らない。

ナチュラルに、さりげなく。

シンプルな空間に少しの彩りをプラス。

こころの余裕は、表情もきれいに写し出す。

elementals「WATER」
エレメンタルズ ウォーター ＞ *P.23*

爽やかで透明感のあるエレメン
タリウムが、空間をきれいに浄
化してくれる。洗面所やバスルー
ム、トイレには安らぎと浄化を
もたらす「WATER」がおすすめ。
イライラやモヤモヤも全部きれ
いに洗い流してくれるでしょう。

「上げていこう、やる気も運気も」

今日の自分は一味違う。

勇気を出して、いつもより一歩前へ。

やる気も運気も上げていく。

だって、運も実力の内でしょ？

仕事も恋も、両方叶えてやるもんね。

elementals「FIRE」
エレメンタルズ ファイア ＞ P.22

無機質なオフィスデスクを、エレメンタリウムが一瞬でエグゼクティブに。仕事の成功も恋愛も叶えるパワフルな「FIRE」がおすすめ。情熱的なデザインは男性にも人気が高く、同僚や上司へのプレゼントにも◎。

「フォトジェニックな本棚に」

新しいことを知ることは、
新しい自分と出逢うこと。
こころが喜ぶ習慣。
「自由」のエレメンタリウムが、
こころに翼を与えてくれる。
もっと自分らしく、
もっと自分を好きなる。

origin 「Liberté」
オリジン リベルテ > *P.19*

エレガントなエレメンタリウム
で、まるでカフェのように、フォ
トジェニックな本棚に早変わり。
古い殻を破って、自由な発想を
与えてくれる「Liberté」がおすす
め。新しい自分にアップデート
して、新しいことにチャレンジ
してみよう。

elementals 「METAL」

エレメンタルズ メタル
（写真中央）＞ P.23

origin petit 「Gloire」

オリジンプティ グロワール
（写真右）＞ P.18

天然石のエレメンタルが光を集
めて、解き放つ。エレメンタリウ
ムの光の魔法が窓辺を「別世界」
に変えてくれる。金運も仕事運
も人脈も呼び込む「METAL」や
「Gloire」がおすすめ。煌びやかに
黄金色に輝く、天然石のルチル
とシトリンに心が踊る。

「人生に音楽を、窓辺に花を」

窓辺から差し込む光を浴びて、
エレメンタリウムが煌めく。
光もエネルギーも
部屋いっぱいに広がっていく。
心地よいBGMをプラスしたら
まるで「別世界」に来たみたい。

「上質な時間を、共に」

思いっきりくつろぎ、気持ちをオフする
大切な自分だけの時間。
大きなエレメンタリウムが
海外のホテルラウンジのようにしてくれる。
ほろ苦いコーヒーと
甘いクッキーに心がとろけてしまいそう。
たまには自分を甘やかさないとね。

elementarium 「idea」
エレメンタリウム イディア > *P.26、71*

このオーダーメイドエレメンタ
リウム「イディア」は、高さ30cm
と通常サイズの5倍。広い空間に
は、存在感と遊び感を加えてく
れる大きめサイズの「idea」がお
すすめ。「idea」はオーダーメイ
ドで、カラー鑑定とヒアリング
をしてからエレメンタリムアー
ティストが創る、世界でひとつ
だけの特別な存在。

42/43

Day and night.

− 穏やかな光に包まれて。

自然の光を浴びて植物本来の色が
鮮やかに引き出される。
煌めく液体の中に閉じ込められた植物は、
まるで「生きた水中花」のよう。

Day.

Night.

― 光と影が織りなす世界。

底に散りばめられた天然石が光を拡散し、

植物の形に宿った光と影が、

神秘的かつ幻想的な世界を

ボトルの中に創りだす。

「お家で、ナイトリトリート」

パソコンとスマホはシャットダウン。
お部屋の照明もオフ。
体の芯から温まる「グロッグ」を飲みながら、
ゆっくり自分と向き合う時間。
柔らかなエレメンタリウムの光が、
ふんわりと優しく包んでくれる。

seasons 「立冬 "Rittou"」

シーズンズ りっとう > *P.25*

自然が織りなす優しい光がここ
ろを整えてくれる。今日楽しかっ
たこと、嬉しかったことを思い
返しまた、幸せを感じる。微睡み
ながらゆっくり過ごす時には、
あなたの好きな季節の美しい景
色がいつでも感じることができ
る「seasons」がおすすめ。

about - Bed room

「やわらかな光に包まれ、
夢の中へ」

ベッドサイドで光るエレメンタリウムが
穏やかに夢の中へ導いてくれる。
心地よい夢の中に、
今日1日の疲れや不安もまるごと全部、
置いてこよう。
「今日もありがとう、おやすみなさい。」

elementals 「EARTH」
エレメンタルズ アース ＞P.23

生活の中心となるベッドルーム
に、エレメンタリウムで華やか
な安らぎを。枕元には大切な人
を守り、安らぎをもたらしてく
れる「EARTH」がおすすめ。ライ
トに照らされて、淡く穏やかな
光がベッドルームを包みます。

エレメンタルでカラダの中からキレイになる。

エレメンタリウム オーガニックハーブティー

　エレメンタルである植物の中には、こころを癒やし、カラダをキレイにしてくれるハーブがたくさん存在します。エレメンタリウムは「人を美しく、豊かに」がテーマのライフスタイルブランドだからこそ、こころやカラダを内側から美しくするハーブティーもデザインしています。じんわり染み入るようなやさしい癒やしの時間が、日々の暮らしをもっとゆるやかに。

with Rose Quartz

アムール ブレンド
Amour Blend

「愛」がテーマのハーブティー。ローズ系ハーブをふんだんに使った贅沢なブレンド。ローズの香りとハイビスカスの色合いが優雅な時間を演出。

【Herbs】ローズペタル、ローズヒップ、ハイビスカス、マイカイカ、レモンバーム、ステビア

with Bluelace Agate

ファブール ブレンド
Faveur Blend

「恩恵」がテーマのハーブティー。夜明けのハーブといわれるマローブルーの青が幻想的なブレンド。フローラルとシトラスの優しい香りが心を豊かにしてくれる。

【Herbs】マローブルー、レモンバーム、レモングラス、オレンジピール、スペアミント

Sante Blend
サンテ ブレンド

「健康」がテーマのハーブティー。「癒やす」というハーブティー本来の目的を追求した格別なブレンド。癒やしのハーブたちが、こころもカラダも整えてくれる。

【Herbs】カモミール、ペパーミント、オレンジピール、スペアミント、レモンバーム、ステビア

Gloire Blend
グロワール ブレンド

「栄光」がテーマのハーブティー。厳選したレモン系ハーブのみを使用した上品なブレンド。リフレッシュ効果の高いハーブがこころを開放的に。

【Herbs】レモンマートル、レモングラス、レモンバーム、レモンピール、オレンジピール

with Amethyst

with Citrine

Liberté Blend
リベルテ ブレンド

「自由」がテーマのハーブティー。万能の薬箱と呼ばれるハーブをベースに作った豊潤なブレンド。あなたのカラダをエネルギッシュに高めてくれる。

【Herbs】エルダーフラワー、レモンマートル、レモングラス、レモンバーム、オレンジピール、ステビア

with Carnelian

豊かな香りと
ハーブの力がもたらす、
美しいひととき

10分間。

豊かに香る美味しいハーブティーと過ごすひとときは、
あなたを心から美しくしてくれます。

お肌も体も、こころの写し鏡。

たったの10分間、ささやかな幸せ習慣。

朝にアムールブレンドを飲んで、愛が溢れる1日に。
寝る前にサンテブレンドを飲んで、こころとカラダをリセット。

そんな風に、
あなただけの「ささやかな幸せ習慣」を作ってみてください。

幸せのおすそわけ、カフェヒュッゲ。

ヒュッゲとは、デンマーク語で「居心地が良い時間や空間」を意味します。

欧米でもこの「ヒュッゲ」というライフスタイルが話題です。

「世界でもっとも幸せな国」にランクインする北欧では、
外食ではなく家で料理やお菓子を作って、
友達や家族と過ごすことを大切にしています。

ささやかな幸せの習慣を「おすそわけ」しましょう。

ハーブティーや手作りのお菓子を並べて。
レッツ、カフェヒュッゲ。

デンマークの伝統的なお菓子「エーブルスキーヴァ」は、クリスマスや週末のブランチに作るころっと丸いパンケーキ。大好きなフルーツジャムを添えて。素朴な味わいのこだわりのお菓子が、ハーブティーの香りを引き立てます。

キモチをカタチにして贈ろう。

「何気ない日常」にギフトを贈る。

誕生日じゃなくても、記念日じゃなくてもいい。

あなたが想うキモチを、

エレメンタリウムでカタチにしてみよう。

「ありがとう」「頑張って」「元気でいてね」

あなたが大切な人に贈りたい気持ちはなんですか？

case - 1
なかなか会えない
友達に

●エレメンタリウム：ファブール
●ハーブティー：アムールブレンド

「元気でいてね、
　これからもよろしくね」

人間関係を豊かにするファブー
ルと、愛情あふれるアムールブ
レンドで、変わらぬ愛と友情を
伝えよう。

case - 2
頑張っている
職場の同僚に

●エレメンタリウム：グロワール
●ハーブティー：リベルテブレンド

「おめでとう、
　一緒に頑張ろうね」

仕事の成功を願うグロワールと、
エネルギッシュにサポートする
リベルテブレンドで、相手の日々
の努力を讃えよう。

case - 3
大切な
パートナーに

●エレメンタリウム：アムール
●ハーブティー：サンテブレンド

「愛してるよ、
　いつまでも幸せでいようね」

愛と優しさを伝えるアムールと、
こころとカラダに優しいサンテ
ブレンドで、日頃伝えきれてい
ない大切な想いを伝えよう。

Chapter 3

エレメンタリウムを
極める

本章ではエレメンタリウムを

どうやって作るのかをはじめ、

素材選びのコツやおすすめ

簡単に楽しむことのできるフラービュッフェや

ワークショップから本格的なスクールまで、

エレメンタリウムを極めるための

手法を簡単にご紹介します。

より深くエレメンタリウムを知る第一歩。

基本の作り方

作り方の基本は難しくはありませんが、知れば知るほど素材選びのセンスや知識が高まり、アイディアが豊富になります。ていねいに、想いを込めて。

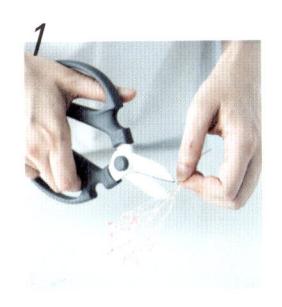
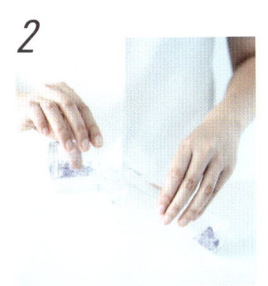

| material |

エレメンタル（植物や天然石）、エレメンタリウムオイル、
ガラスボトル、ハサミ、ピンセット
※使用するオイルは、シリコンオイルでも代用できます。

| how to make |

1 デザインを考え、植物を適度な大きさに切る。

2 想いや願いに合った天然石を入れる。

3 植物をボトルに入れる。

4 オイルを注ぐ。

5 気泡を抜くために5分ほど開けたままにしてから、キャップを閉める。

6 できあがり。

「花言葉」で選ぶ

「相手に伝えたい想い」や「相手に願うこと」にまつわる花言
葉を持つ植物を取り入れることによって、より深く強く相
手に気持ちが届きます。

「再生」「思い出」

ユーカリ

オーストラリア原産。山
火事の跡でも発芽する強
さが花言葉の由来。力強
く頑張ってほしい人への
エールに。

「あなたの親切に
感謝します」

フラックス

中央アジア原産。和名は
「亜麻」で種子は亜麻仁油
になる。親切にしてくれ
た人へのお礼に。

「豊かな実り」

ライスフラワー

オーストラリア原産。
ブーケに用いられること
が多い。豊かになってほ
しい人に贈ろう。→p.22
elementals「FIRE」に使用

「色褪せぬ愛」
「不滅」

千日紅 <small>センニチコウ</small>

熱帯アフリカ原産。百日
咲く「百日紅」より長く
咲き続けることに由来。
変わらぬ想いを伝えたい
人に。

「秘密の愛」
「光を求める」

エリンジウム

ヨーロッパ原産。海辺の
近くに自生することか
らSea Hollyとも呼ばれ
る。密かに想いを寄せ
る人へのメッセージに。
→p.19 origin「Sante」に
使用。

「気品」「尊敬」

紫色の薔薇

古代バビロニア時代から
神話に登場する愛の象
徴。花言葉は色によって
異なる。尊敬する人、大
人の女性に贈ろう。

「不変の誓い」
「固い約束」

アンモビューム

花の質感と様子が貝細工
のようなことから、和名
ではカイザイクと呼びま
す。変わらぬ愛を伝えた
い親友やパートナーに。
→p.19 origin「Faveur」
に使用。

「心の扉を開く」
「永遠の幸福」

クラスペディア

オーストラリア原産。見
た目も花言葉もポジティ
ブな花。一歩踏み出した
い人や自分らしさを大切
にしたい人に。

「素材感」で選ぶ

色鮮やかさだけが植物の魅力ではありません。自然界には素材や形が変わっている魅力的な植物が溢れています。その中でも素材感を生かせる、白い植物をそろえました。

ピーコックグラス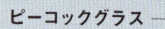
クジャクの羽のような形をした植物。一本だけでも存在感が生まれます。

ラベンダー
ヨーロッパ産。アロマやハーブとしても有名な植物。ドライフラワーの素朴な可愛さが伝わる植物のひとつ。→p.23 elementals「WATER」に使用。

小麦
人々に馴染みの深い小麦。芳醇で豊かなイメージに仕上がります。→p.18 origin「Gloire」、p.23 elementals「METAL」に使用。

タマラックコーン

小ぶりで可愛らしい木の実です。まっすぐ伸びる植物と異なる形が、デザインに奥行きを持たせてくれます。

メタナシア

南アフリカ原産。ボリュームのある質感と穏やかな色合いがゴージャスにもシンプルにもアレンジできます。

シャーリーポピー

古代の植物を彷彿とさせる花。異彩な可愛さが独特の雰囲気を生み出してくれます。→p.68で使用。

ゴールデンボタン

さりげない存在感を持つ植物。他の花を引き立ててくれる魅力があります。

グレビレアゴールド

表と裏で色が違う葉が特徴的な植物です。見る角度によって雰囲気が違うので立体感を持たせるのに効果的。

「カラー」で選ぶ

色は人の心に様々なイメージを与えます。そして、私たちの心を色で表現することもできるのです。愛と優しさに溢れるピンク、元気いっぱいなイエロー。あなたの気持ちを色でコーディネートしてみましょう。

Purple

スターチス

【色彩心理】
心身のバランスを整える、潜在能力を引き出す、神秘、高貴、癒やし、感性、秘密、秩序、静寂→p.24 seasons「処暑"Syosyo"」に使用。

Orange

カンガルー・ポー

【色彩心理】
人間関係を促す、不安を解放する 喜び、陽気、向上心、高揚感、健康、自由奔放

Yellow

イエローローズ

【色彩心理】
楽しい感情を生み出す、金運を高める、希望、楽しさ、好奇心、知性、輝き、自己表現

Light blue

かすみ草

【色彩心理】
自然体、繊細さ、解放、自立、希望、ありのまま、オープンマインド、リラックス

Pink

ブリーザ

【色彩心理】
愛と優しさを与える、幸
せを感じる、恋、愛情、
思いやり、幸福感、甘え、
女性らしさ

Red

スターリンジャー

【色彩心理】
気持ちを鼓舞する、積極
性を高める、情熱、活力、
生命、暖かさ、怒り、自
己主張、力強さ

Black

ピンキーボタン

【色彩心理】
威厳を持たせる、強い意
志を持つ、孤高、不変、
高級感、重厚感、知的、
洗練、内向

Blue

**サウスオーストラリアン・
デイジー**

【色彩心理】
心を落ち着かせる、集中
力を高める、信頼、自立、
誠実、才能、冷静、平和、
安らぎ

White

ヘリクリサム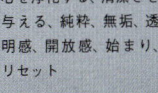

【色彩心理】
心を浄化する、清潔さを
与える、純粋、無垢、透
明感、開放感、始まり、
リセット

繁栄と調和の時代を支えた鉱石

人や国が繁栄、調和してきた時代の背景に様々な鉱石の存在がありました。 そうした意味合いや力を持つ鉱石を5つ紹介します。この5つの鉱石は、運気を上げることを目的にデザインした「elementals」(→p.22-23)にも使用しています。

アクアマリン

ラテン語のアクア「水」とマリナス「海」が名前の由来。古代ローマでは航海のお守りとして、欧米では「天使の石」として結婚や子宝の守護石として重宝されてきました。

【石の意味や力】
浄化、和合、包容力、安堵感を与える、心を沈静する

ペリドット

わずかな光でも煌めくことから太陽の石として崇められてきた歴史の深い鉱石。夜の明かりにも映えることで「イブニングエメラルド」の別名を持ちます。

【石の意味や力】
和合、親睦、前進、夫婦の幸福、自らの過ちに気づく

ガーネット

魅惑的なワインレッドの色合いを持つ鉱石。色合いから「火」や「血液（生命力）」と関連する意味合いが伝わり、薬として使用されてきた歴史も数多く存在しています。

【石の意味や力】
真実、友愛、前向き、勝利を招く、愛を貫く

ルチルクォーツ

「金色に輝く」という意味のラテン語の【rutilus】が由来。2種類の鉱物が交わってできている様があまりにも美しいため、近年ジュエリーとして使われることが多くあります。

【石の意味や力】
強運、革新、信念、情報をキャッチする、ステップアップ

モルガナイト

1911年に発見された比較的新しい鉱石。ベリルという緑柱石の仲間で、淡いピンク色からローズベリルとも呼ばれる。市場にモルガナイトが出回るのは大変稀です。

【石の意味や力】
耐える愛、信頼、献身、心の平穏、カリスマ性を備える

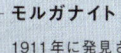

悠久のときが生み出した特別な鉱石

地球上にはこれまでに紹介した鉱石とは色も形も性質も違う、個性的な鉱石もたくさんあります。いくつもの元素が混ざってできた鉱石、宇宙から飛来した隕石が混じっている鉱石など、そういった特別で独創的なエレメンタルは手にする人自身の枠を外してくれるでしょう。

モルダバイト

隕石が墜落したときに、周辺の鉱物を溶かし、混ざり合って生まれたガラス質の鉱石。宇宙の叡智を与える「神聖なる石」として崇拝されてきました。

【石の意味や力】
理想を掴む、魂の浄化、変革をもたらす

ツリーアゲート

木を表すような爽やかな緑と白が織りなす鉱石。人に対してだけではなく、植物に対しても恩恵があるとされています。

【石の意味や力】
平和、富の安定、幸運と安らぎをもたらす

サンストーン

別名、ヘリオライト。ギリシャ語でヘリオは「太陽」を表し、太陽の石として崇められてきました。チャンスと勝利を呼び込むといわれています。

【石の意味や力】
隠された力、勝利を掴む、偽りを見抜く

セレスタイト

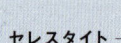

大空の色を意味するセレスティアル（celestial）が由来。人々の心を癒し、インスピレーションを与えた伝承が多く存在します。

【石の意味や力】
休息、目覚め、心の解放

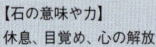

スモーキークォーツ

中に含まれる微量のアルミニウムが煙がかった幻想的な色を生み出します。古代ローマ帝国では魔除けとして使用された、非常に力強い鉱石。

【石の意味や力】
地に足つける、心を強くする、魔除け

ラピスラズリ

人類に最も古くから愛されてきた鉱石で、その歴史は6000年にも及びます。レオナルドダヴィンチの「最後の晩餐」の青はラピスラズリの粉末染料。

【石の意味や力】
叡智、自分と向き合う、真の幸福を得る

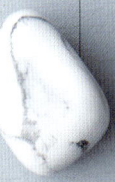

アパタイト

名称の由来がギリシャ語で「トリック」を意味する鉱石。いろんな鉱物と混ざって産出することが多いことからついた名称といわれています。

【石の意味や力】
確固たる信念、自己信頼、愛を感じる

オブシディアン

火山の噴火によって生まれた天然のガラス。有史以前は、加工して刀や矢じりなどの武器としても使われ、どんな宝石よりも重宝されてきました。

【石の意味や力】
希望を導く、本質を写す、未来を見通す

ハウライト

磨くとガラスのような光沢を出す、大理石に似た鉱石。無垢な白色と黒い縞が入っているのが特徴。優しい見た目とは反対に、とてもパワフルな力を秘めている。

【石の意味や力】
純粋無垢、
怒りを鎮める、
強い浄化作用

ピンクオパール

内面的な美しさと愛情を引き出すピンクオパールはすべての女性におすすめしたい鉱石です。より愛される人間に高めてくれます。

【石の意味や力】
恋愛運を上げる、慈愛、自分を表現する

オレンジカルサイト

非常に光沢のある、壊れやすい鉱石。オレンジ以外にもカラーバリエーションが多く存在し、色によって鉱石が持つ意味や力が変わります。

【石の意味や力】
心のヒーリング、
世界観を広くする、
自己成長

フローライト

熱や紫外線を加えると不思議な輝きを放つ。その様子から和名では「蛍石」と呼ばれ、可憐でデリケートな少女を連想させる石とされています。

【石の意味や力】
繊細、儚い美しさ、感受性を豊かにする

elementarium Lab.

—— とあるエレメンタリウムのデザインレシピ ——

エレメンタリウムの組み合わせは自由自在。植物の造形や好きな色から発想を得ても、
テーマを決めて作り上げても◎。デザインレシピの一例をご紹介します。

case 01

世界を創造する
ように。

アースカラーや乾いた素材
感、個性的な形に統一して
エレメンタルを選ぶこと
で、約1億年前の恐竜が生
きていた時代を彷彿させる
「古代のエレメンタリウム」
をデザインしました。

シャーリーポピー
茎が長く、先端に特徴がある
植物なので 低めの植物と組み
合わせて高低差を出す。

ハイビスカスの実
足元に存在感のある植物を置
くことで、全体のバランスを
整えている。古代らしい素材
感がイメージを引き立てる。

ベニバナ
刺々しさのある葉がデザイン
にシャープさを与える。天然
石のオレンジに合わせて統一
感を出すことがポイント。

タタリカ
ボリュームのある葉とパープ
ルカラーが、奥行きと重厚感
を感じさせる。少し葉を間引
いて重くなりすぎないように。

カーネリアン
雄大な赤い大地をカーネリア
ンでデザイン。大地を表現す
ることで、植物が実際に生え
ているように見える。

花舞う、
エレメンタリウム。

植物によっては浮いてしま
い、思っていたデザインに
ならない時もあります。で
もその自然な動きに逆らわ
ず、あえて浮き沈みを楽し
むデザインにするのもひと
つの楽しみといえます。

バラの花びら

少し細かいバラの花びらをひ
とつまみ。ボトルの中で優雅
に浮遊する姿はスノードーム
の雪のよう。

フェザーグラス

メインとなるバラを邪魔せず、
デザイン全体に繊細さを与え
てくれる。光が舞うように、円
を描いて入れるのがコツ。

アメジスト

バラが持つ高貴な紫色と合わ
せ、統一感が出るように。ライ
トアップした時に全体を紫の
光が包み込む。

「推し」に捧げる 想いを込めて。

誰にでも「お気に入りのもの」や「応援している人」があると思います。そのあなただけの「推し」に対する想いや願いを込めて創るのが「推しリウム」です。愛する推しを色に例えてデザインしましょう。

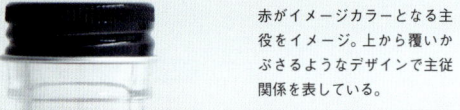
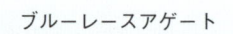
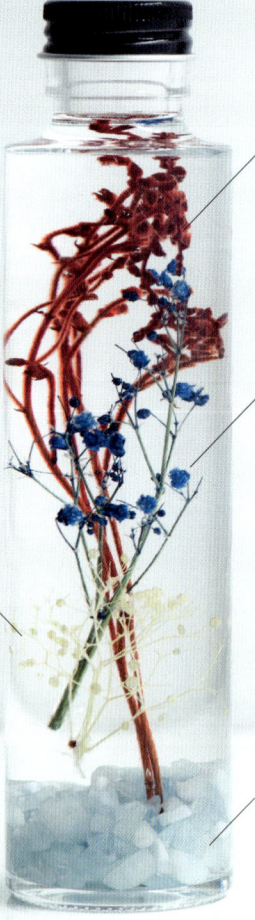

レッドコモンスモーク

赤がイメージカラーとなる主役をイメージ。上から覆いかぶさるようなデザインで主従関係を表している。

青いかすみ草

青がイメージカラーとなる、主役を支えるパートナーをイメージ。繊細で可憐なかすみ草の形で、主役に対する優しい想いを表している。

黄色いかすみ草

足元に黄色いかすみ草を置くことで、全体のデザインにバランスを持たせる。

ブルーレースアゲート

友情や絆を深めるといった意味を持つブルーレースアゲートを使い、「推し」に捧げる想いを込めている。

小さな器には
収まらない、
大きな想いを。

「大きな花を入れたい」「入
れる花を絞れない」そんな
風に小さなボトルでは入り
きらない時は、ボトルごと
デザインを変えてしまお
う。今回は曲線が美しい、
ワイン用のカラフェをボト
ルに選びました。

ポアプランツ

優しい緑と対照的に、情熱的な
赤を入れることでデザインに
メリハリを。灯火のような形が
力強い心の炎を表している。

エアファーン

黄色く上に向かって伸びるエ
アファーンで、元気でアクティ
ブなイメージをプラス。

ティーツリー

アロマオイルでも有名な
ティーツリー。繊細だが躍動
感のある形には、大きなボトル
でも負けない存在感がある。

カラマツ

可愛らしい色合いと形のカラ
マツがポイント。力強いデザ
インを程よくマイルドにして
くれる。

エレメンタリウム

×

夜の楽しみ方

エレメンタリウムは「光」と交わることで本当の魅力が現れます。日中は太陽の光を浴びることで、夜は下から光に照らされることで、植物が持つ形や色に光が宿り、天然石が光を集め、煌めく。その変わりゆく様は、まさに幻想的な「魔法」のようです。

それは魔法のように、光を纏う。

エレメンタリウムを下から幻想的に照らし出すLEDライト。このLEDライトにも妥協はありません。どのデザインにも合うシンプルかつシックな色合いがおすすめ。充電式タイプなので外のテラスでも楽しめます。

こころが温まる、
灯火のエレメンタリウム
————

照明を消して、幻想的な世界へ。
優しくゆらぐ灯火は、あなたのこ
ころもカラダも温めてくれます。
いつものオイルとは違うリキッド
キャンドルは、虫除けの効果もあ
り、夜のアウトドアシーンにも最
適。エレメンタリウムの灯火と、
夜空の星があなたを神秘的な世界
に誘います。

ただ眺めているだけでも美しくてこころが満たされるエレメンタリウムですが、
一歩踏み込むことでもっと楽しみが広がります！

「フラワービュッフェ」へようこそ。

FLOWER BUFFET
フラワービュッフェ

それはまさにビュッフェのように、自由に選ぶ、楽しく彩る。100種類近くの植物から好きなものを自由に選ぶと、あなたが選んだエレメンタルを元に、エレメンタリウムアーティストが世界にひとつだけ、あなただけのオリジナルボトルをデザインします。季節によっても植物の種類は変わるので、デザインの組み合わせは無限大。自由に選べる楽しさのフラワービュッフェは一度体験すると病みつきに。フラワービュッフェは、エレメンタリウムのショップ限定で楽しむことができます。開催情報は「公式LINEアカウント」または「公式Twitter」にて配信中。

※「フラワービュッフェ」は、elementarium design&worksの商標登録です。

「好き」を創れる、ワークショップに行こう。

WORK SHOP
ワークショップ

好きなエレメンタルを選んで、最初から最後まで自分で創ることができるのがエレメンタリウムワークショップです。エレメンタリウムアーティストが「天然石の意味」「植物の選び方」「デザインの仕方」などを丁寧に教えてくれるので、初心者でも安心。ワークショップは全国各地で開催しています。小さなお子様の参加はもちろん、学校や企業での開催も行なっています。ぜひ、エレメンタリウムを自分の手で創る感動を味わってみてください。ワークショップの開催情報は、アーティストスクール（→p.76）のサイトからご覧いただけます。

美しく学ぶ、
エレメンタリウム
アーティスト
スクール。

エレメンタリウムアーティス
トスクールは、初心者でもエレ
メンタリウムを仕事にできる
ように教え、サポートする教室
です。知識と経験のあるエレメ
ンタリウムアーティストが丁
寧に教えます。「天然石の詳し
い意味」や「デザインのコツ」を
学ぶことができ、次の日からす
ぐに実践できるように、習得し
やすいカリキュラムになって
います。

修了時には認定書となるディ
プロマを発行し、しっかりとエ
レメンタリウムアーティスト
として活躍できるところまで
フォロー。スクールの開催は全
国で行なっています。詳しい
情報やお申し込みは下記アー
ティストスクールのサイトか
らどうぞ。入学説明会も随時開
催していますので、ぜひお気軽
にご参加ください。

http://elementarium.jp/school/

最後までお読みいただき、ありがとうございました。私たち「elementarium design&works」が伝えたいライフスタイルがお分りいただけたと思います。この本を通じて、みなさまの人生が美しく、豊かになるきっかけになれば幸いです。

エレメンタリウムは綺麗なインテリアやひとつのフラワーデザインではありません。そこに込められたストーリーや想いがあり、エレメンタリウムを通して伝えたい「ライフスタイル」があります。

今、北欧生まれの世界一幸せなライフスタイル「ヒュッゲ」がニューヨークタイムズをはじめ世界中で注目されています。エレメンタリウムが伝えていきたいのはある意味「日本版ヒュッゲ」かもしれません。

幸せのエッセンスは、昔から日本にもたくさんありました。季節の移り変わりを楽しむこと、豊かさに感謝すること。世の中が便利になっていく中で、私たちは大切なことを忘れている部分もあります。

僕は世界に飛び出し、様々な文化や人と出会い、世界の素敵なものや考えを知ることができました。それと同時に日本が古くから大切にしている教えや文化の良さが改めて心に沁みました。広い世界に在る美しいものや考え方、日本が持つ心や文化、そうした「美しいもの」をエレメンタリウムは後世に伝え遺していきたいと思っています。

エレメンタリウムは今後、様々な形で美しく豊かなライフスタイルをみなさまに届けていきます。フレグランス、コスメ、バスオイル、ネイルという身近なものから Cafe や Spa などエレメンタリウムライフを体感できる場所。たくさんの幸せと感動を、いろんな形でデザインし、世界中に広げ、与えていきます。

この本で登場してきた「エレメンタリウムアーティスト」はただフラワーデザインを教える人ではなく、美しく豊かなライフスタイルを伝えるアンバサダーです。「与えるものは与えられる」というように、美しいものを伝え、届けていく人が一番美しく豊かになると僕は思います。この本がきっかけでエレメンタリウムにさらに興味を持っていただき、いつかあなたも、一緒にエレメンタリウムアーティストとして世の中に伝えていく、与えていく側になれれば嬉しいなと思います。

本の中では伝えきれなかったことが山ほどあります。ワークショップやスクールでは直接お会いして、体験しながらお伝えすることができるので、ぜひともご参加ください。

気軽に参加しやすいように、本書の帯に「招待状」をご用意しました。

エレメンタリウムライフに触れ、昨日より今日、今日より明日とみなさまが美しく、豊かになりますように。

elementarium design&works　仙石 琢真

profile

elementarium design&works 代表

仙石 琢真 − Takuma Sengoku −

1985年滋賀県生まれ、代官山在住。起業家。

侍メンタリスト。株式会社「TRANSCENDENCE Inc」代表取締役。

19歳でストリートファッションのセレクトショップに入社し、当時カリスマとして名を馳せていたオーナーなどから接客ノウハウ、店舗デザイン、バイヤー、ブランドデザインを学び、店舗責任者を務める。

21歳でデザイナーとして独立。その後アパレル事業、イベント企画運営、IT事業、能力開発など約10年間で10以上のビジネスを立ち上げる。

現在は、その経験から得たノウハウと、持ち前のセンスとフロンティアスピリットを活かし、国内外の企業・ブランドのコンサルティングやプロデュース、ディレクションを多数手がけている。

そうして世界で活動するうちに、それぞれの国が持つ文化やファッション、芸術的感性に触れて「美しく感じるもの」を探求するように。そのインスピレーションから生まれた作品の1つが「エレメンタリウム」。単なるインテリアではなく、自身が10年間学び、経験した【東洋思想】や【西洋文化】をベースに作り上げた独自のメソッドとセンスを取り入れ、まったく新しい美術的創作物に昇華した。このエレメンタリウムが一過性の「ムーブメント」ではなく、次世代やさらなる未来にも引き継がれる「ライフスタイル」「文化」として在り続けるためにアーティストの育成と情報の発信をし続けている。

テレビ、雑誌、様々なメディアにも多数出演。

趣味は、人が感動するものを創り出すこと、ファッション、音楽、映画、旅行、世界遺産巡り。

【公式ホームページ】 **http://sengoku.tokyo.jp/**

天然石監修
彌彌告（みみこ）

代官山の占いサロン「kotodama処 彌彌告」を主宰する人気占い師。誠実で丁寧な鑑定が評判となり、著名なクライアントなどファンも多数。講談社『ViVi』猫タロット監修や『an・an』『Luana』『25ans』など各種雑誌にも掲載。

著　者　elementarium design&works 代表
　　　　仙石 琢真（せんごく・たくま）
　　　　http://sengoku.tokyo.jp/

天然石監修：彌彌告（みみこ）

撮影：三浦希衣子
デザイン：室田征臣、室田彩乃（oto）
編集：十川雅子
校正：片岡史恵

撮影協力：AWABEES・UTUWA（http://www.awabees.com/）

花と石と暮らす、美しく豊かで居心地がいい時間と空間の作り方

elementarium life

NDC　793

2018 年 8 月 31 日　発 行

著　　　者　　elementarium design&works 仙石 琢真

発 行 者　　小川雄一
発 行 所　　株式会社 誠文堂新光社
　　　　　　〒 113-0033　東京都文京区本郷 3-3-11
　　　　　　［編集］　電話 03-5800-5779
　　　　　　［営業］　電話 03-5800-5780
　　　　　　http://www.seibundo-shinkosha.net/
印刷・製本　　図書印刷株式会社

©2018, elementarium design&works Takuma Sengoku.
Printed in Japan

検印省略

万一落丁、乱丁本は、お取り替えいたします。本書掲載記事の無断転用を禁じます。また、本書に掲載された記事の著作権は著者に帰属します。これらを無断で使用し、展示・販売・レンタル・講習会等を行なうことを禁じます。

本書のコピー、スキャン、デジタル化等の無断複製は、著作権法上での例外を除き、禁じられています。本書を代行業者等の第三者に依頼してスキャンやデジタル化することは、たとえ個人や家庭内での利用であっても、著作権法上認められません。

JCOPY 〈（社）出版者著作権管理機構 委託出版物〉
本書を無断で複製複写（コピー）することは、著作権法上での例外を除き、禁じられています。本書をコピーされる場合は、そのつど事前に、（社）出版者著作権管理機構（電話 03-3513-6969／FAX 03-3513-6979／e-mail:info@jcopy.or.jp）の許諾を得てください。

ISBN978-4-416-61897-4